Impressum
Verlag: BABADADA GmbH, Nedderfeld 112 , 22529 Hamburg
Geschäftsführer / Verlagsleitung: Harald Hof
Druck: Books on Demand GmbH, In de Tarpen 42, 22848 Norderstedt

Imprint
Publisher: BABADADA GmbH, Nedderfeld 112 , 22529 Hamburg, Germany
Managing Director / Publishing direction: Harald Hof
Print: Books on Demand GmbH, In de Tarpen 42, 22848 Norderstedt, Germany

escuela
Szkoła

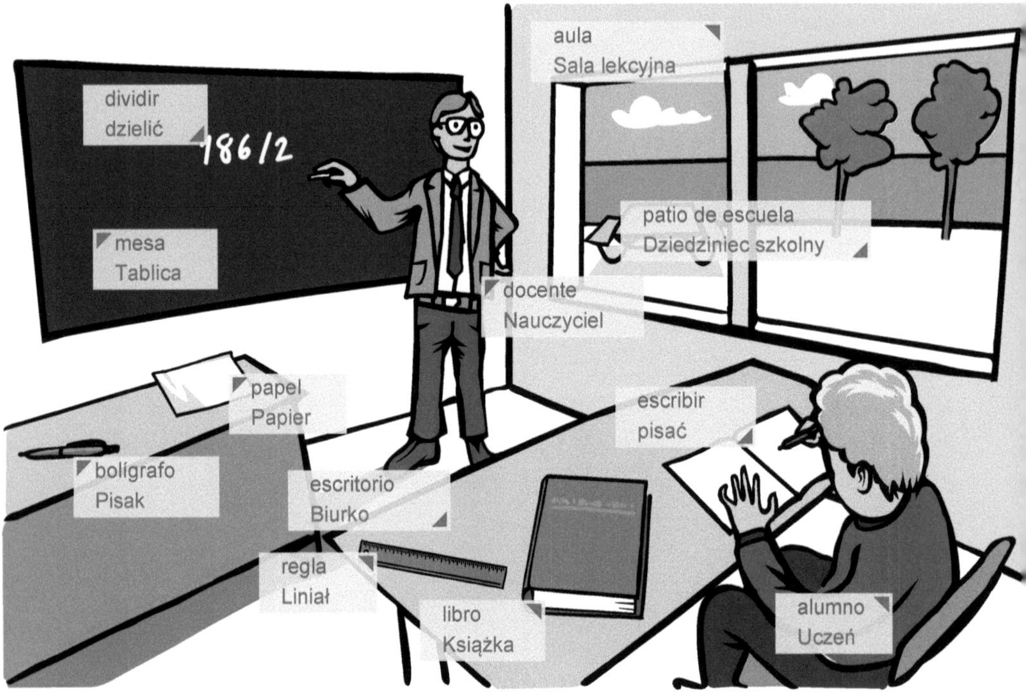
aula
Sala lekcyjna
dividir
dzielić
186/2
mesa
Tablica
patio de escuela
Dziedziniec szkolny
docente
Nauczyciel
papel
Papier
escribir
pisać
bolígrafo
Pisak
escritorio
Biurko
regla
Liniał
libro
Książka
alumno
Uczeń

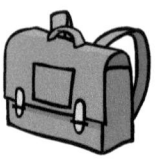

mochila escolar

Plecak szkolny

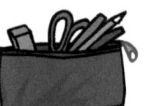

caja de lápices

Piórnik

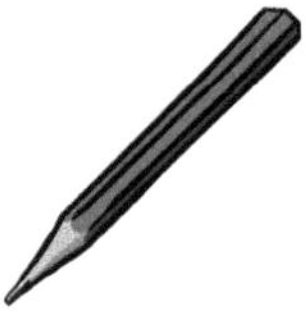

lápiz

Ołówek

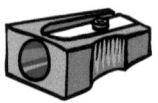

sacapuntas

Temperówka

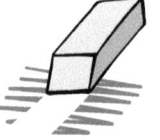

goma de borrar

Gumka do mazania

bloc de dibujo

Blok rysunkowy

dibujo

Rysunek

pincel

Pędzel

caja de pinturas

Pudełko z akwarelami

tijera

Nożyce

pegamento

Klej

libro de ejercicios

Książka do ćwiczenia

tarea

Zadanie domowe

número

Liczba

sumar

dodawać

restar

odejmować

multiplicar

mnożyć

calcular

liczyć

letra

Litera

alfabeto

Alfabet

palabra

Słowo

texto

Tekst

leer

czytać

tiza

Kreda

lección

Godzina

libro de clase

Dziennik lekcyjny

examen

Egzamin

certificado

Świadectwo

uniforme escolar

Mundurek szkolny

educación

Wykształcenie

enciclopedia

Leksykon

universidad

Uniwersytet

microscopio

Mikroskop

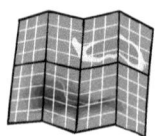

mapa

Mapa

cesto de papeles

Kosz na odpadki

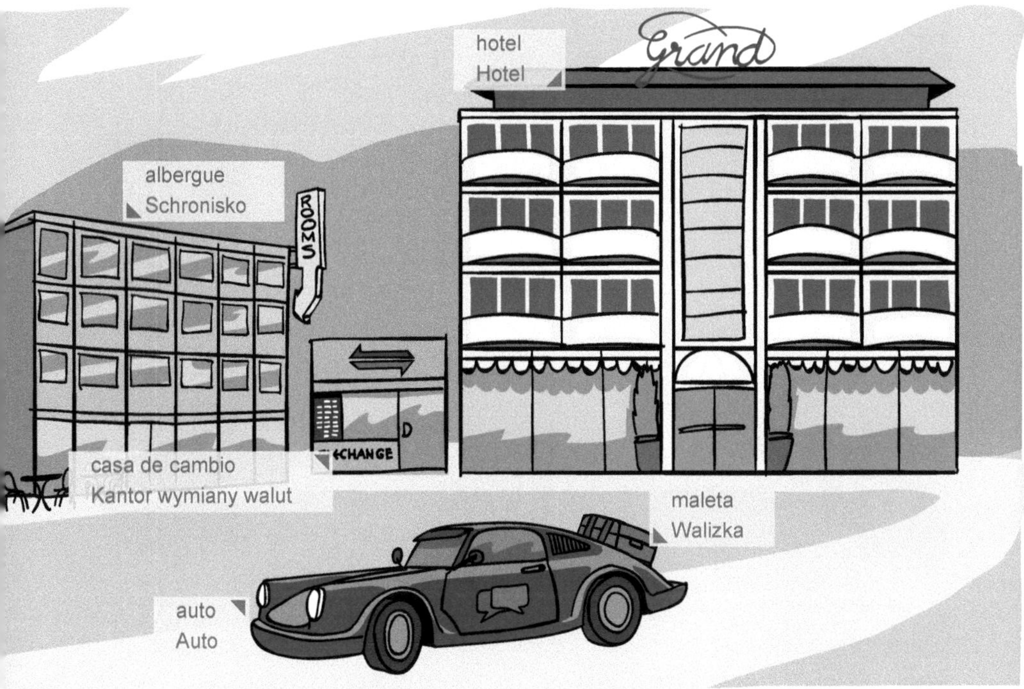

hotel
Hotel
Grand
albergue
Schronisko
ROOMS
EXCHANGE
casa de cambio
Kantor wymiany walut
maleta
Walizka
auto
Auto

idioma

Język

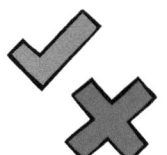

sí / no

tak / nie

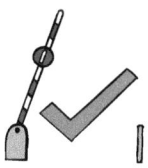

ok

OK

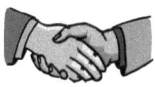

hola

Halo

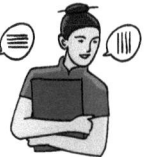

intérprete

Tłumacz

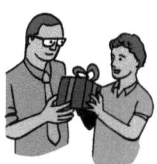

gracias

Dziękuję

¿Cuánto cuesta...?

Ile kosztuje ...?

No entiendo

Nie rozumiem

problema

Problem

¡Buenas tardes!

Dobry wieczór!

¡Buenos días!

Dzień dobry!

¡Buenas noches!

Dobranoc!

adiós

Do widzenia

dirección

Kierunek

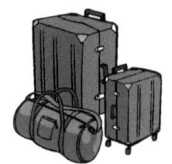

equipaje

Bagaż

bolso

Torba

mochila

Plecak

invitado

Gość

cuarto

Pokój

saco de dormir

Śpiwór

tienda de campaña

Namiot

información al turista
Informacja turystyczna

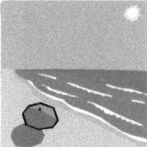

playa
Plaża

tarjeta de crédito
Karta kredytowa

desayuno
Śniadanie

almuerzo
Obiad

cena
Kolacja

pasaje
Bilet

ascensor
Winda

sello
Znaczek na list

límite
Granica

aduana
Cło

embajada
Ambasada

visa
Wiza

pasaporte
Paszport

transporte

Transport

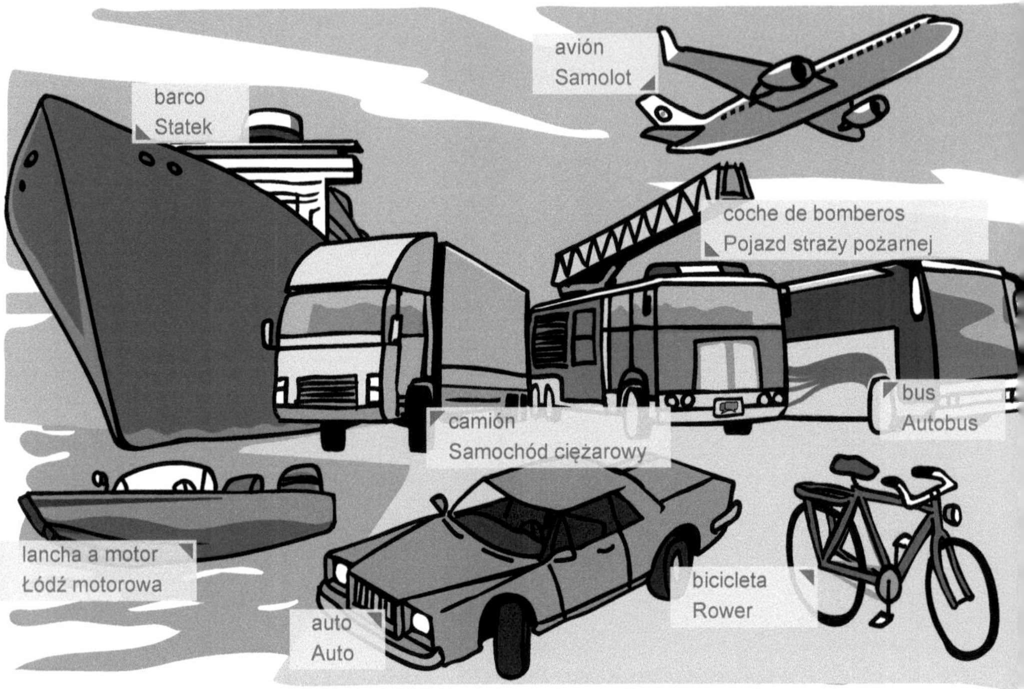

avión
Samolot
barco
Statek
coche de bomberos
Pojazd straży pożarnej
bus
Autobus
camión
Samochód ciężarowy
lancha a motor
Łódź motorowa
bicicleta
Rower
auto
Auto

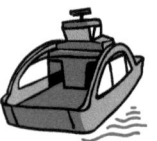

balsa

Prom

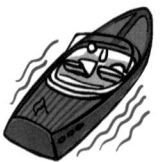

lancha

Łódź

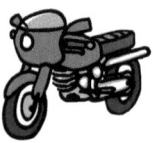

motocicleta

Motocykl

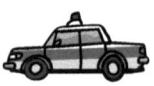

auto de policía

Radiowóz policyjny

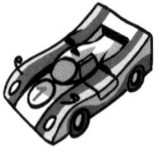

auto de carreras

Samochód wyścigowy

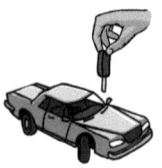

auto de alquiler

Samochód wypożyczony

alquiler de autos

Wspólne przejazdy
samochodem

grúa

Samochód pomocy
drogowej

vehículo recolector de
basura

Śmieciarka

motor

Silnik

gasolina

Benzyna

gasolinera

Stacja benzynowa

señal de tráfico

Znak drogowy

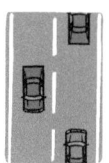

tránsito

Ruch

atasco

Korek

estacionamiento

Parking

estación de tren

Dworzec

carril

Szyny

tren

Pociąg

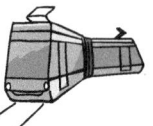

tranvía

Tramwaj

vagón

Wagon

helicóptero

Helikopter

aeropuerto

Lotnisko

torre

Wieża

pasajero

Pasażer

contenedor

Kontener

caja de cartón

Karton

carro

Taczka

cesta

Kosz

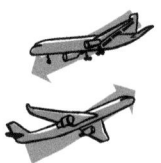

despegar / aterrizar

startować / lądować

ciudad

Miasto

aldea

Wieś

centro de la ciudad

Centrum miasta

casa

Dom

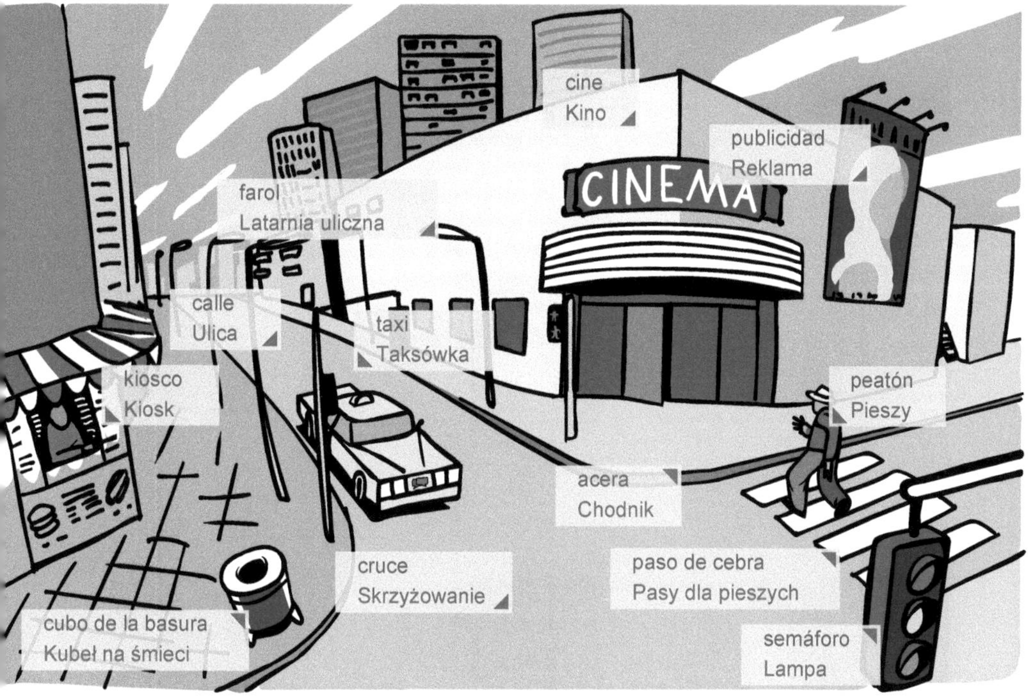

cine
Kino
publicidad
Reklama
CINEMA
farol
Latarnia uliczna
calle
Ulica
taxi
Taksówka
kiosco
Kiosk
peatón
Pieszy
acera
Chodnik
cruce
Skrzyżowanie
paso de cebra
Pasy dla pieszych
cubo de la basura
Kubeł na śmieci
semáforo
Lampa

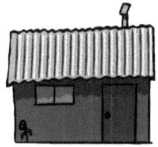

cabaña

Chata

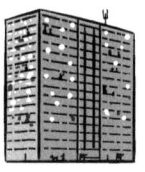

apartamento

Mieszkanie

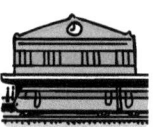

estación de tren

Dworzec

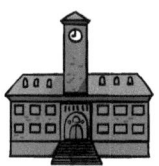

ayuntamiento

Ratusz

MUSEUM

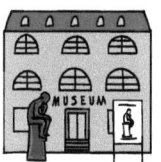

museo

Muzeum

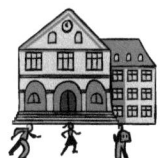

escuela

Szkoła

universidad

Uniwersytet

banco

Bank

hospital

Szpital

hotel

Hotel

farmacia

Apteka

oficina

Biuro

librería

Księgarnia

negocio

Sklep

florería

Kwiaciarnia

supermercado

Supermarket

mercado

Rynek

grandes almacenes

Dom towarowy

pescadería

Sklep z rybami

centro comercial

Centrum handlowe

puerto

Port

ciudad - Miasto

parque

Park

banco

Ławka

puente

Most

escalera

Schody

metro

Metro

túnel

Tunel

parada de autobuses

Przystanek autobusowy

bar

Bar

restaurante

Restauracja

buzón de correo

Skrzynka na listy

letrero

Tabliczka z nazwą ulicy

parquímetro

Parkometr

zoológico

Zoo

piscina

Łaźnia

mezquita

Meczet

granja

Gospodarstwo chłopskie

polución

Zanieczyszczenie środowiska

cementerio

Cmentarz

iglesia

Kościół

parque infantil

Plac zabaw

templo

Świątynia

paisaje
Krajobraz

hoja
Liść

indicador de camino
Drogowskaz

sendero
Droga

pradera
Łąka

piedra
Kamień

caminante
Wędrowiec

árbol
Drzewo

río
Rzeka

pasto
Trawa

flor
Kwiat

valle

Dolina

montaña

Góra

lago

Jezioro

bosque

Las

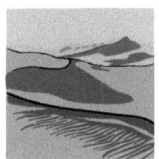

desierto

Pustynia

volcán

Wulkan

castillo

Zamek

arco iris

Tęcza

seta

Grzyb

palmera

Palma

mosquito

Komar

mosca

Mucha

hormiga

Mrówka

abeja

Pszczoła

araña

Pająk

escarabajo

Chrząszcz

rana

Żaba

ardilla

Wiewiórka

erizo

Jeż

liebre

Zając

lechuza

Sowa

pájaro

Ptak

cisne

Łabędź

jabalí

Dzik

ciervo

Jeleń

alce

Łoś

embalse

Tama

aerogenerador

Wiatrak

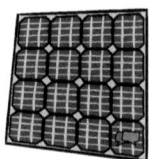

módulo solar

Moduł solarny

clima

Klimat

restaurante
Restauracja

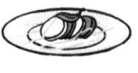

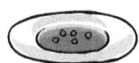

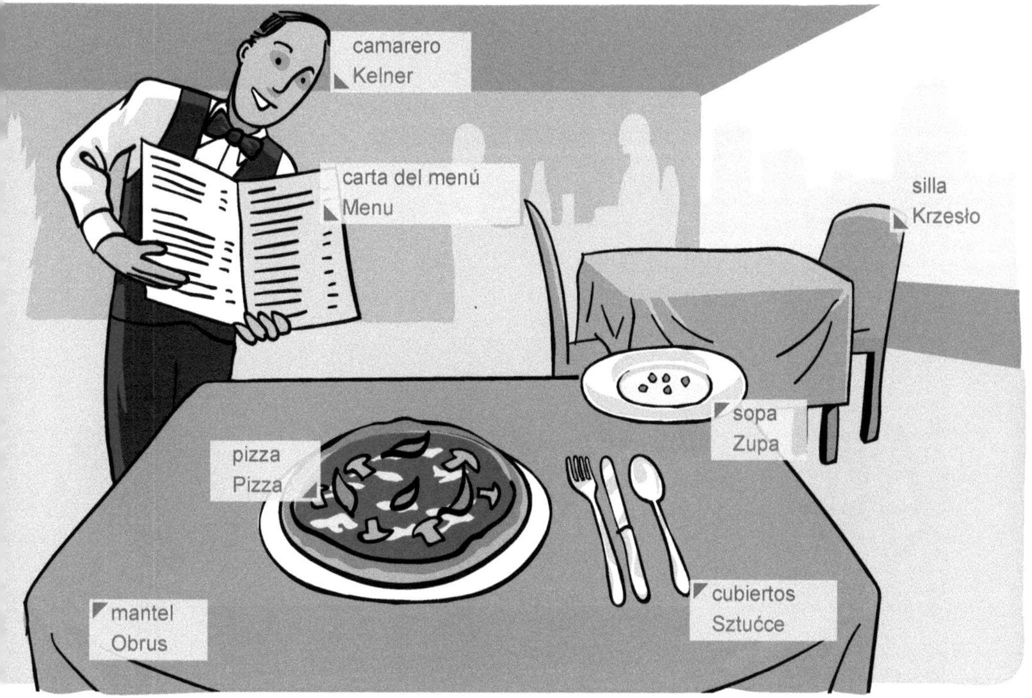
camarero
Kelner
carta del menú
Menu
silla
Krzesło
sopa
Zupa
pizza
Pizza
cubiertos
Sztućce
mantel
Obrus

entrada

Przystawka

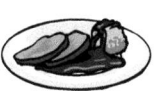

plato principal

Danie główne

postre

Deser

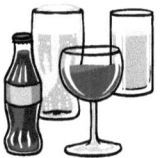

bebida

Napoje

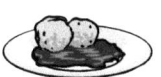

comida

Jedzenie

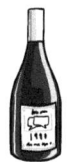

botella

Butelka

comida rápida

Fastfood

comida callejera

Streetfood

tetera

Dzbanek na herbatę

azucarera

Cukierniczka

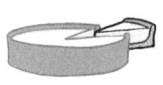

porción

Porcja

máquina de espresso

Zaparzarka do espresso

silla alta

Krzesło dla dziecka

factura

Rachunek

bandeja

Taca

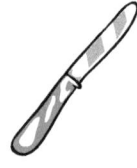

cuchillo

Noż

tenedor

Widelec

cuchara

Łyżka

cuchara de té

Łyżeczka

servilleta

Serwetka

vaso

Szklanka

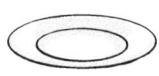

plato

Talerz

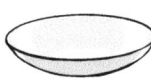

plato de sopa

Talerz do zupy

platillo

Podstawek pod filiżankę

salsa

Sos

salero

Solniczka

molinillo para pimienta

Młynek do pieprzu

vinagre

Ocet

aceite

Olej

especias

Przyprawy

ketchup

Keczup

mostaza

Musztarda

mayonesa

Majonez

supermercado
Supermarket

oferta
Oferta
FOR
cliente
Klient
productos lácteos
Produkty mleczne
fruta
Owoce
carrito de compras
Wózek sklepowy

BUTCHERS

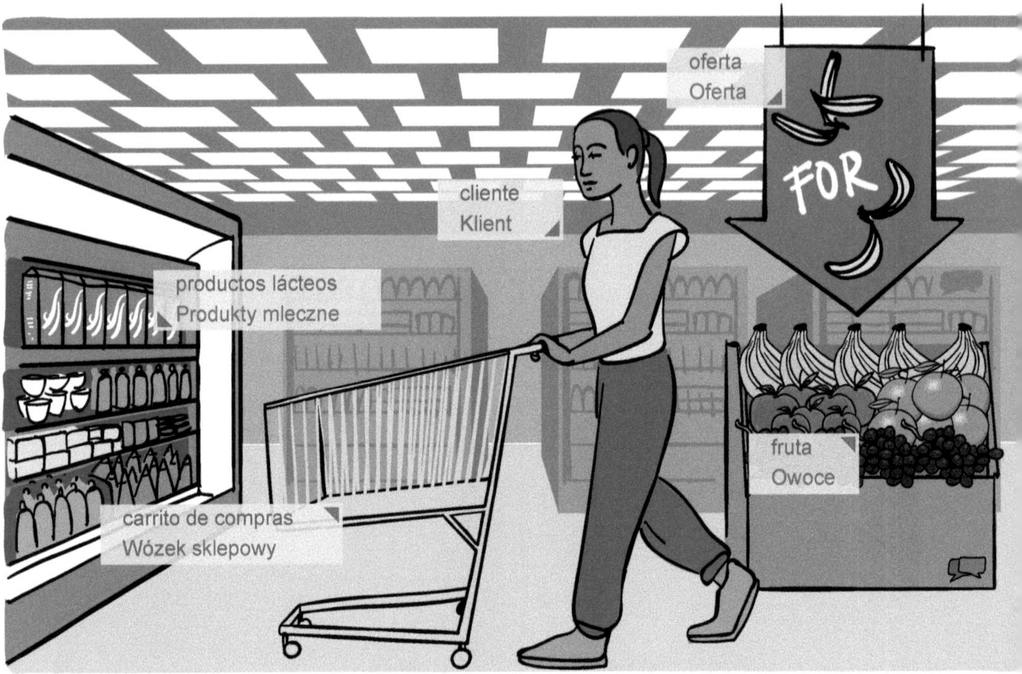

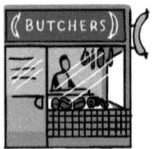

carnicería

Rzeźnia

BAKERY

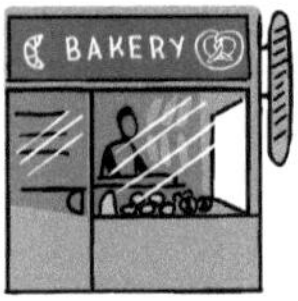

panadería

Piekarnia

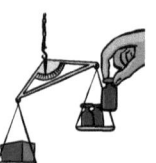

pesar

ważyć

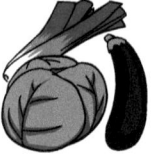

verdura

Warzywa

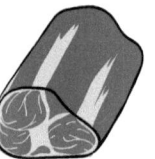

carne

Mięso

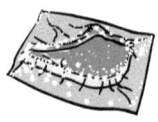

alimentos congelados

Mrożonki

fiambre

Wędliny

conservas

Konserwy

detergente en polvo

Proszek m do prania

dulces

Słodycze

artículos domésticos

Artykuły użytku domowego

productos de limpieza

Środek czyszczący

vendedora

Sprzedawczyni

caja

Kasa

cajero

Kasjer

lista de compras

Lista zakupów

horario de atención

Godziny otwarcia

cartera

Portfel

tarjeta de crédito

Karta kredytowa

maleta

Torba

bolsa plástica

Torebka plastikowa

agua

Woda

jugo

Sok

leche

Mleko

refresco de cola

Cola

vino

Wino

cerveza

Piwo

alcohol

Alkohol

cacao

Kakao

té

Herbata

café

Kawa

espresso

Espresso

cappuccino

Cappuccino

banana

Banan

manzana

Jabłko

naranja

Pomarańcza

sandía

Arbuz

limón

Cytryna

zanahoria

Marchew

ajo

Czosnek

bambú

Bambus

cebolla

Cebula

seta

Grzyb

nueces

Orzechy

fideos

Makaron

espagueti

Spaghetti

arroz

Ryż

ensalada

Sałatka

patatas fritas

Frytki

patatas salteadas

Ziemniaki pieczone

pizza

Pizza

hamburguesa

Hamburger

sándwich

Kanapka

escalope

Sznycel

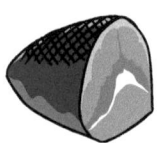

jamón

Szynka

salame

Salami

embutido

Kiełbasa

pollo

Kura

asado

Pieczeń

pescado

Ryba

copos de avena

Płatki owsiane

musli

Musli

copos de maíz tostado

Płatki kukurydziane

harina

Mąka

croissant

Croissant

panecillo

Bułka

pan

Chleb

tostada

Toast

galletas

Ciastka

mantequilla

Masło

cuajada

Twarożek

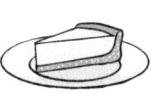

pastel

Ciasto

huevo

Jajko

huevo frito

Jajko sadzone

queso

Ser

helado

Lody

azúcar

Cukier

miel

Miód

mermelada

Marmolada

praliné

Krem nugatowy

curry

Curry

comida - Jedzenie

granja
Gospodarstwo chłopskie

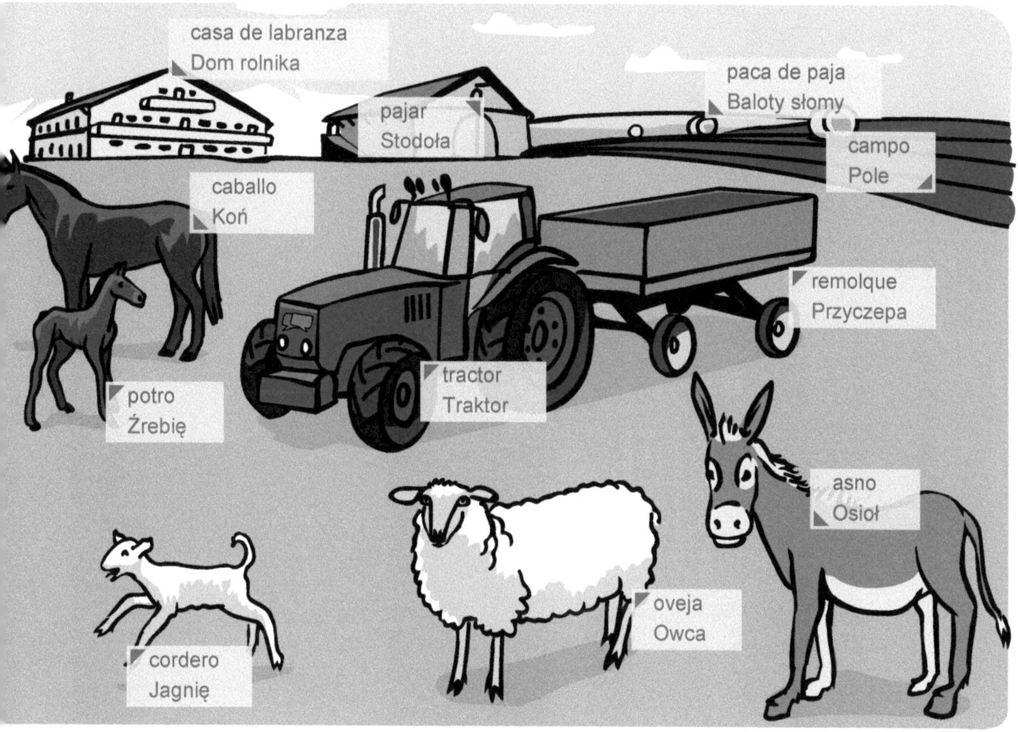
casa de labranza
Dom rolnika
pajar
Stodoła
paca de paja
Baloty słomy
campo
Pole
caballo
Koń
remolque
Przyczepa
tractor
Traktor
potro
Źrebię
asno
Osioł
oveja
Owca
cordero
Jagnię

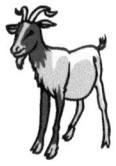

cabra
Koza

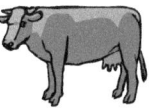

vaca
Krowa

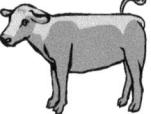

ternero
Cielę

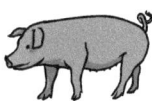

cerdo
Świnia

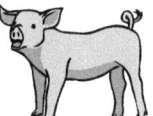

lechón
Prosię

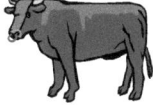

toro
Byk

ganso

Gęś

pato

Kaczka

polluelo

Kurczątko

pollo

Kura

gallo

Kogut

rata

Szczur

gato

Kot

ratón

Mysz

buey

Osioł

perro

Pies

caseta del perro

Buda dla psa

manguera de riego

Wąż ogrodowy

regadera

Konewka

guadaña

Kosa

arado

Pług

hoz

Sierp

azada

Graca

bieldo

Widły

hacha

Siekiera

carretilla

Taczka

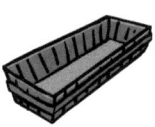

abrevadero

Koryto

lechera

Kanka na mleko

saco

Worek

cerca

Płot

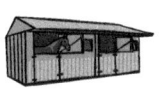

establo

Stajnia

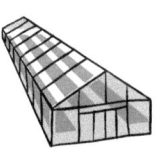

invernadero

Szklarnia

suelo

Ziemia

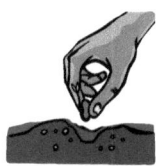

semilla

Nasiona

fertilizante

Nawóz

cosechadora

Kombajn zbożowy

cosechar
....
zbierać

cosecha
....
Żniwa

raíz de ñame
....
Podchrzyn

trigo
....
Pszenica

soja
....
Soja

patata
....
Ziemniak

maíz
....
Kukurydza

colza
....
Rzepak

Árbol frutal
....
Drzewo owocowe

mandioca
....
Maniok

cereales
....
Zboże

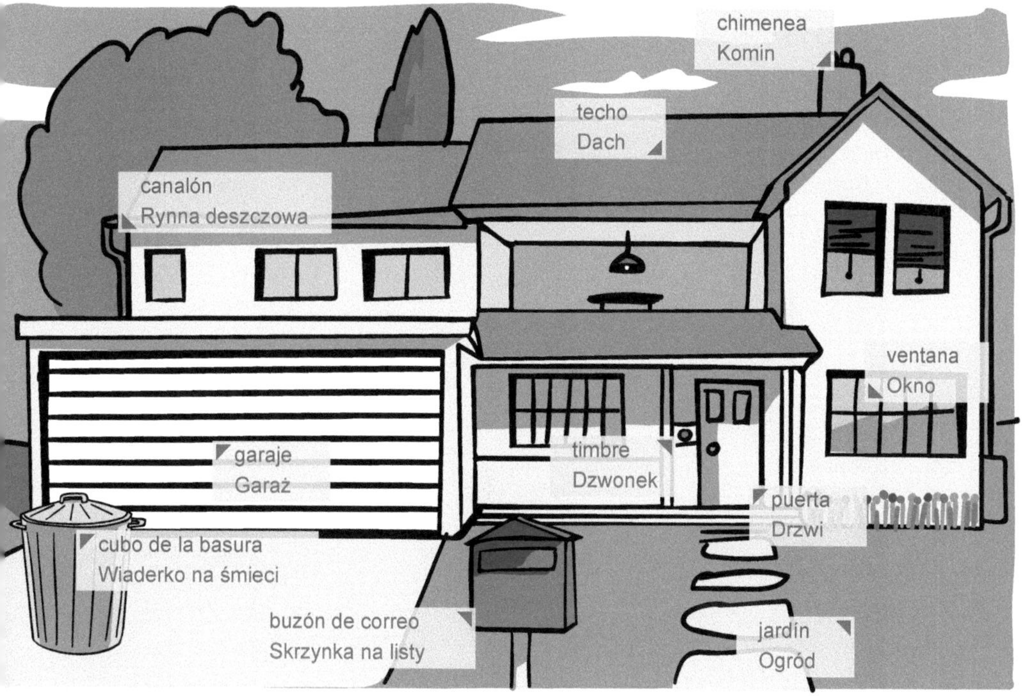

chimenea
Komin

techo
Dach

canalón
Rynna deszczowa

ventana
Okno

garaje
Garaż

timbre
Dzwonek

puerta
Drzwi

cubo de la basura
Wiaderko na śmieci

buzón de correo
Skrzynka na listy

jardín
Ogród

cuarto de estar
....
Pokój dzienny

cuarto de baño
....
Łazienka

cocina
....
Kuchnia

dormitorio
....
Sypialnia

cuarto de los niños
....
Pokój dziecięcy

comedor
....
Jadalnia

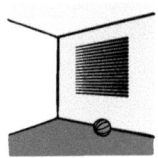

piso
....
Ziemia

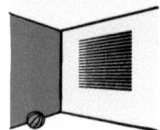

pared
....
Ściana

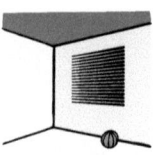

cielorraso
....
Koc

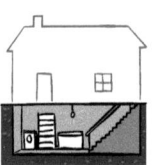

sótano
....
Piwnica

sauna
....
Sauna

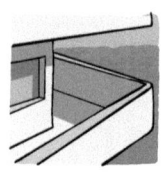

balcón
....
Balkon

terraza
....
Taras

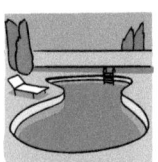

piscina
....
Basen

cortacésped
....
Kosiarka do trawy

funda nórdica
....
Poszwa

edredón
....
Kołdra

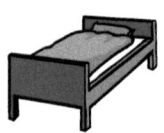

cama
....
Łóżko

escoba
....
Miotła

cubo
....
Wiadro

interruptor
....
Włącznik

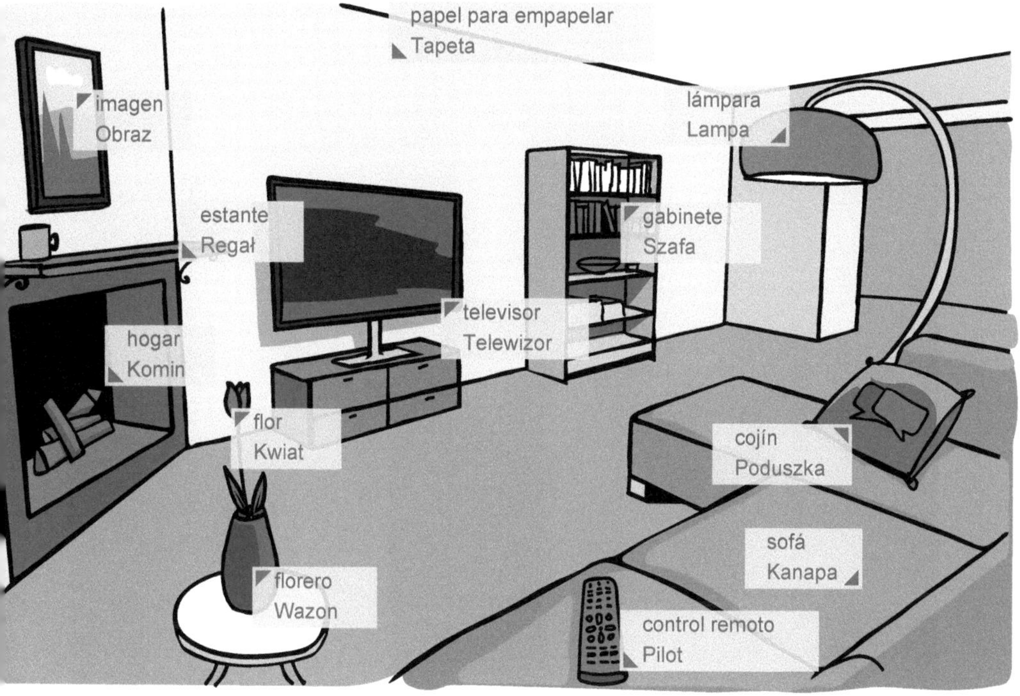

papel para empapelar
Tapeta

imagen
Obraz

lámpara
Lampa

estante
Regał

gabinete
Szafa

televisor
Telewizor

hogar
Komin

flor
Kwiat

cojín
Poduszka

florero
Wazon

sofá
Kanapa

control remoto
Pilot

alfombra
Dywan

cortina
Zasłona

mesa
Stół

silla
Krzesło

mecedora
Bujak

sillón
Fotel

libro

Książka

frazada

Sufit

decoración

Dekoracja

leña

Drewno kominkowe

film

Film

equipo estereofónico

Instalacja stereo

llave

Klucz

periódico

Gazeta

cuadro

Malunek

póster

Plakat

radio

Radio

bloc de notas

Notatnik

aspiradora

Odkurzacz

cactus

Kaktus

vela

Świeczka

cocina
Kuchnia

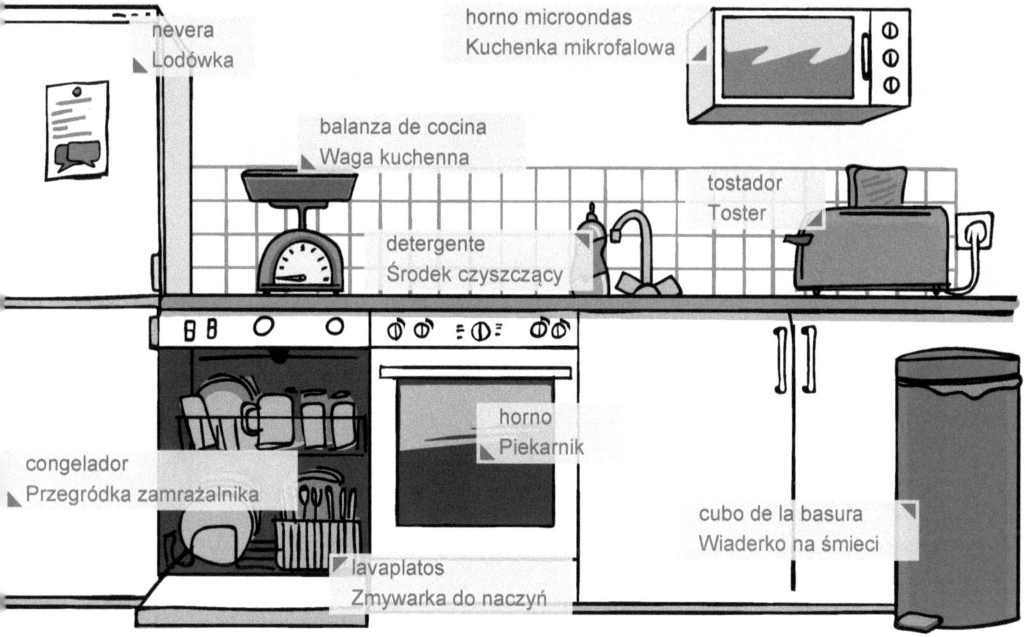
nevera
Lodówka
horno microondas
Kuchenka mikrofalowa
balanza de cocina
Waga kuchenna
tostador
Toster
detergente
Środek czyszczący
horno
Piekarnik
congelador
Przegródka zamrażalnika
cubo de la basura
Wiaderko na śmieci
lavaplatos
Zmywarka do naczyń

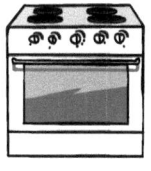

cocina

Kuchenka

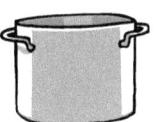

olla

Garnek

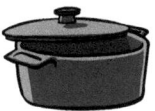

olla de fundición de hierro

Kocioł żeliwny

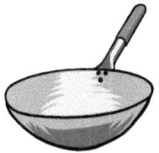

wok / kadai

Wok / Kadai

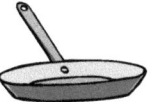

sartén

Patelnia

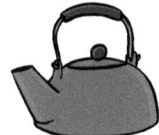

hervidor de agua

Czajnik

olla de vapor

Parowar

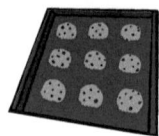

bandeja de horno

Blacha do pieczenia

vajilla

Naczynia kuchenne

vaso

Kubek

bol

Miska

palillos para comer

Pałeczki

cucharón de sopa

Nabierka

espátula

Łopatka do smażenia

batidor

Trzepaczka do śmietany

colador

Cedzak

cedazo

Sitko

rallador

Tarka

mortero

Moździerz

parrillada

Grillowanie

fogata

Palenisko

tabla de picar

Deska

rodillo

Wałek do ciasta

sacacorchos

Korkociąg

lata

Puszka

abrelatas

Otwieracz do puszek

agarrador

Ściereczka do trzymania garnka

fregadero

Umywalka

cepillo

Szczotka

esponja

Gąbka

batidora

Mikser

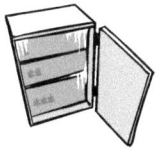

arcón congelador

Zamrażarka

biberón

Butelka dla niemowlęcia

grifo

Kran

cuarto de baño
Łazienka

calefacción
Ogrzewanie
toalla
Ręcznik
ducha
Prysznic
cortina para ducha
Kotara prysznicowa
baño de espuma
Płyn do kąpieli
bañera
Wanna kąpielowa
vaso
Szklanka
lavadora
Pralka
grifo
Kran
baldosa
Kafelki
orinal
Nocnik
fregadero
Umywalka

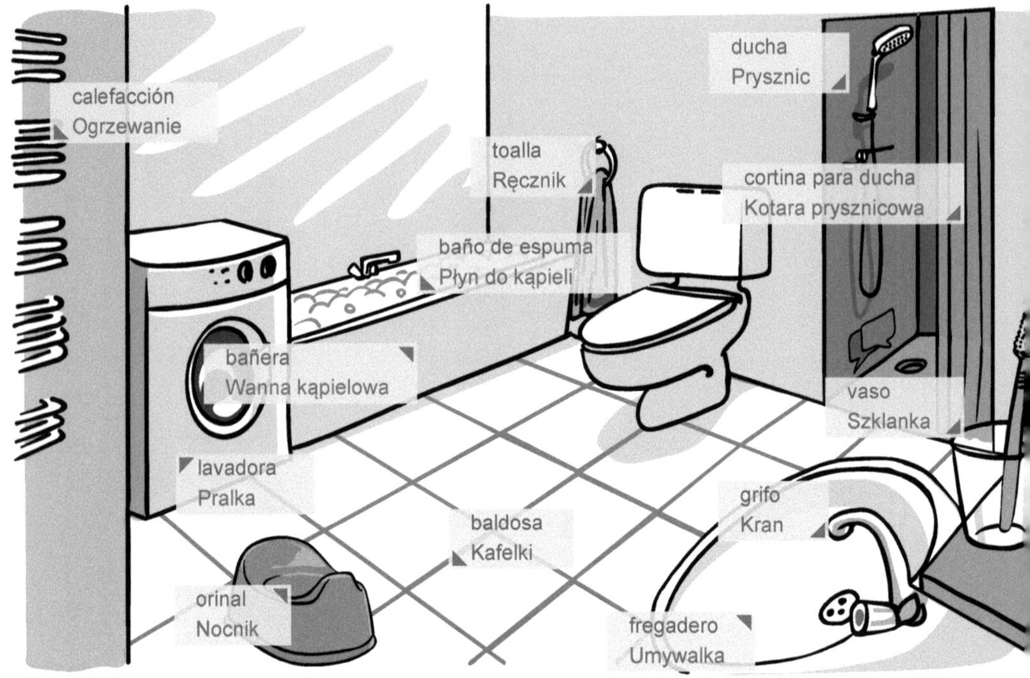

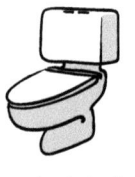

cuarto de baño

Toaleta

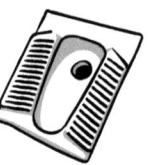

placa turca

Toaleta kuczna

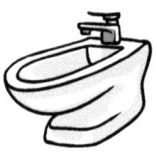

bidé

Bidet

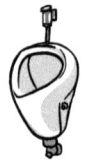

urinario

Pisuar

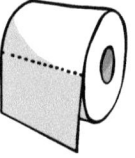

papel higiénico

Papier toaletowy

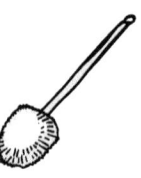

escobilla para el cuarto de baño

Szczotka toaletowa

cepillo de dientes

Szczoteczka do zębów

pasta dentífrica

Pasta do zębów

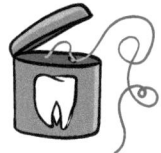

seda dental

Nitki do czyszczenia zębów

lavar

myć

ducha teléfono

Głowica prysznicowa

ducha higiénica

Płyn kąpielowy do higieny intymnej

cuenco

Miska do mycia

cepillo para la espalda

Szczotka kąpielowa

jabón

Mydło

gel de ducha

Żel prysznicowy

champú

Szampon

manopla para baño

Rękawica kąpielowa

desagüe

Odpływ

crema

Krem

desodorante

Dezodorant

espejo

Lustro

espejo de maquillaje

Lustro kosmetyczne

máquina de afeitar

Golarka

espuma de afeitar

Pianka do golenia

loción para después del afeitado

Woda po goleniu

peine

Grzebień

cepillo

Szczotka

secador para cabello

Suszarka do włosów

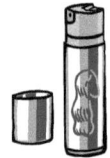

laca de peinado

Spray do włosów

maquillaje

Makijaż

lápiz labial

Pomadka

laca para uñas

Lakier do paznokci

algodón

Wata

tijera para uñas

Nożyczki do paznokci

perfume

Perfum

neceser
....
Kosmetyczka

taburete
....
Taboret

balanza
....
Waga

bata de baño
....
Szlafrok kąpielowy

guantes de goma
....
Rękawice gumowe

tampón
....
Tampon

compresa
....
Podpaska damska

wáter químico
....
Toaleta chemiczna

cuarto de los niños

Pokój dziecięcy

despertador
Budzik
animal de peluche
Pluszowa przytulanka
auto de juguete
Samochodzik
sonajero
Grzechotka
casa de muñecas
Domek dla lalek
obsequio
Prezent

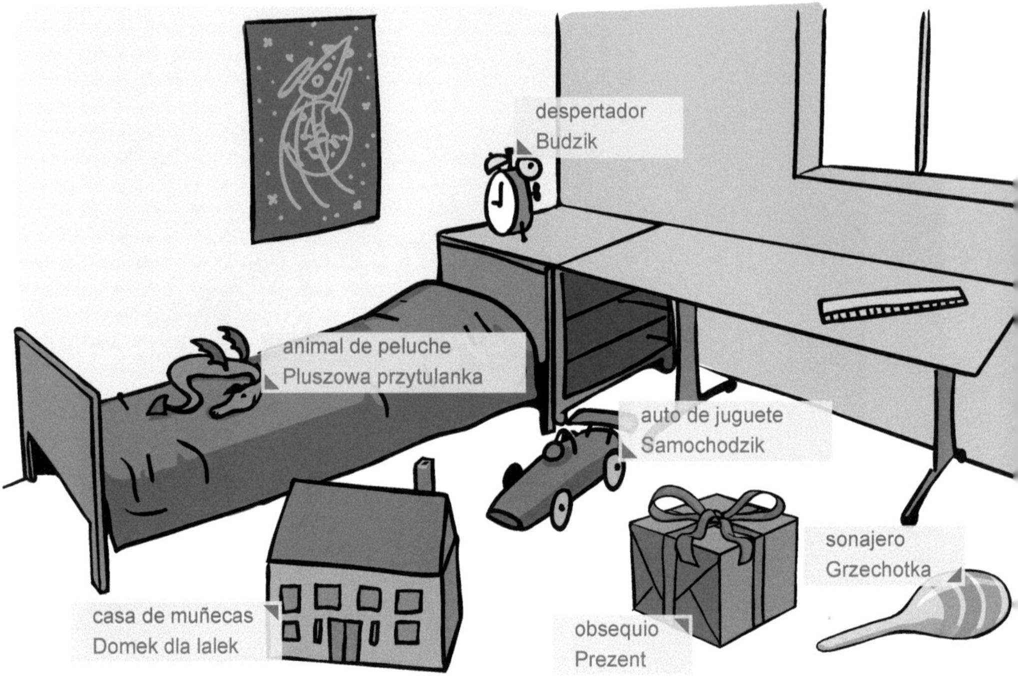

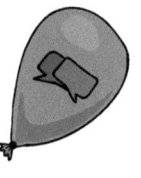

globo

Balon

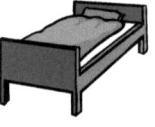

cama

Łóżko

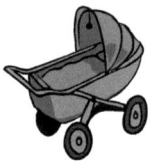

cochecito para niños

Wózek dziecięcy

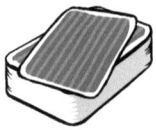

juego de barajas

Gra w karty

rompecabezas

Puzzle

SUPER
MEGA

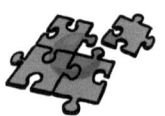

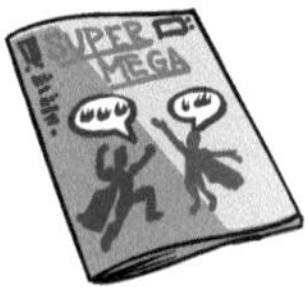

cómic

Komiks

piezas de Lego
Klocki lego

bloques para jugar
Klocki

figura de acción
Action figura

pijama de una pieza
Śpioszek dziecięcy

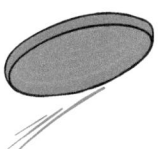

frisbee
Frisbee

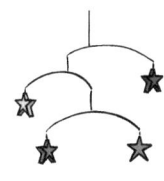

móvil
Zabawki ruchome

juego de mesa
Gra planszowa

dado
Kości

tren eléctrico a escala
Kolejka elektryczna

chupete
Smoczek

fiesta
Przyjęcie

libro de dibujos
Książka z ilustracjami

pelota
Piłka

títere
Lalka

jugar
bawić się

arenero

Piaskownica

columpio

Huśtawka

juguetes

Zabawki

consola de videojuego

Konsola do gier

triciclo

Rowerek trójkołowy

osito de peluche

Pluszowy miś

guardarropa

Szafa ubraniowa

vestimenta

Ubiór

calcetines

Skarpety

medias

Pończochy

panti

Rajstopy

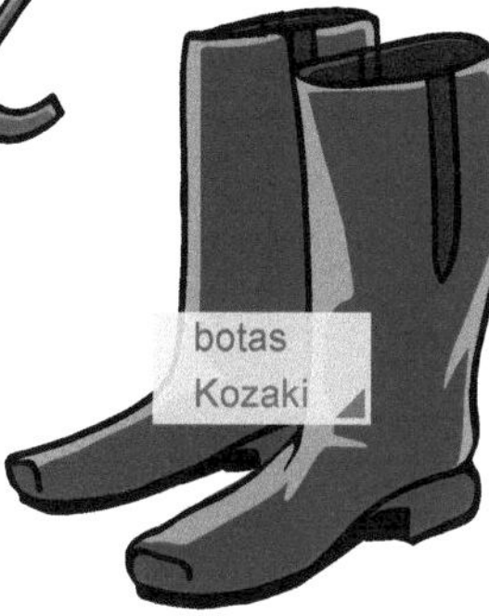

chal
Szal

paraguas
Parasol

cinturón
Pasek

camiseta
T-Shirt

botas
Kozaki

zapatilla
Pantofle domowe

deportivas
Obuwie sportowe

sandalias
Sandały

zapatos
Buty

botas de goma
Kalosze

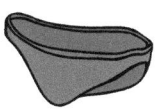

ropa interior
Majtki

corpiño
Biustonosz

camiseta
Podkoszulek

body

Body

pantalón

Spodnie

jeans

Dżins

falda

Spódnica

blusa

Bluzka

camisa

Koszula

pullover

Pulower

sweater

Bluza sportowa

blazer

Marynarka

chaqueta

Kurtka

abrigo

Płaszcz

impermeable

Płaszcz przeciwdeszczowy

traje chaqueta

Kostium

vestido

Sukienka

vestido de bodas

Suknia ślubna

traje

Garnitur męski

camisón

Koszula nocna

pijama

Piżama

sari

Sari

pañuelo de cabeza

Chusta na głowę

turbante

Turban

burka

Burka

caftán

Kaftan

abaya

Abaya

traje de baño

Strój kąpielowy

bañador

Kąpielówki

shorts

Krótkie spodnie

chándal

Dres sportowy

delantal

Fartuch

guante

Rękawiczki

botón

Guzik

gafa

Okulary

brazalete

Bransoletka

cadena

Łańcuszek

anillo

Pierścionek

aro

Kolczyk

gorra

Czapka

percha

Wieszak

sombrero

Kapelusz

corbata

Krawat

cierre a cremallera

Zamek błyskawiczny

casco

Kask

tiradores

Szelki

uniforme escolar

Mundurek szkolny

uniforme

Mundur

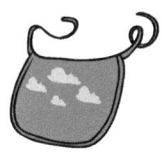

babero

Śliniaczek

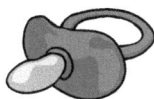

chupete

Smoczek

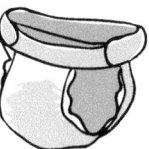

pañal

Pieluszka

oficina

Biuro

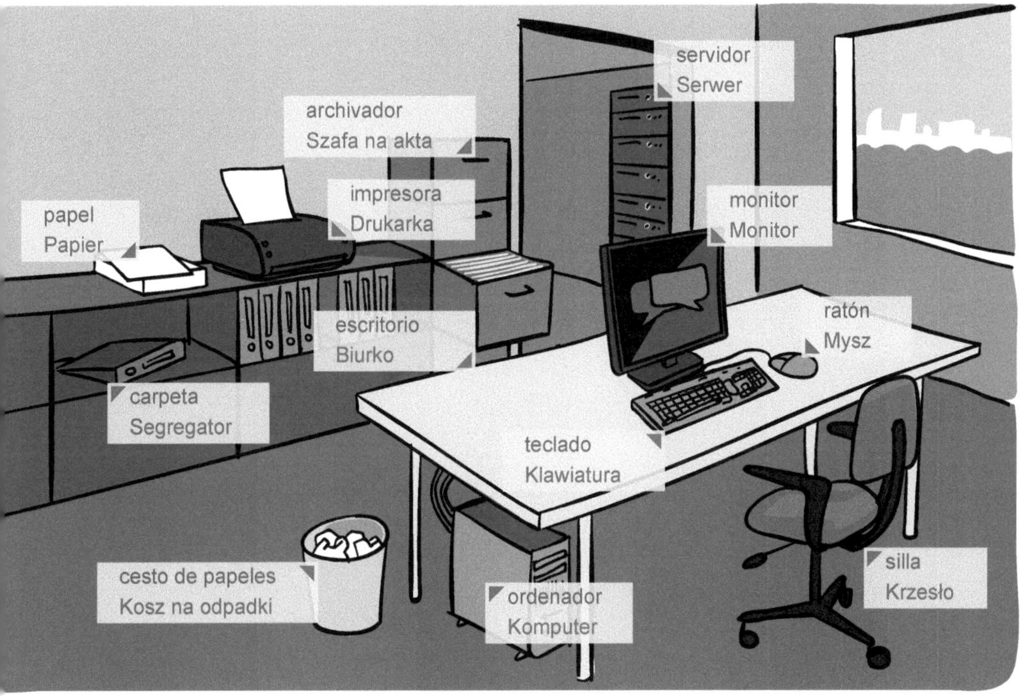

servidor
Serwer
archivador
Szafa na akta
impresora
Drukarka
papel
Papier
monitor
Monitor
ratón
Mysz
escritorio
Biurko
carpeta
Segregator
teclado
Klawiatura
cesto de papeles
Kosz na odpadki
ordenador
Komputer
silla
Krzesło

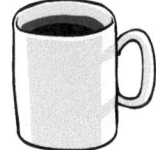

taza de café

Filiżanka do kawy

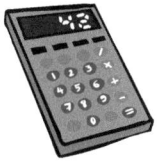

calculadora

Kalkulator

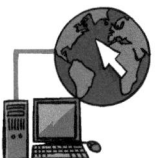

internet

Internet

laptop

Laptop

carta

List

mensaje

Wiadomość

teléfono móvil

Komórka

red

Sieć

fotocopiadora

Kopiarka

software

Oprogramowanie

teléfono

Telefon

tomacorriente

Gniazdko

máquina de fax

Faks

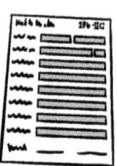

formulario

Formularz

documento

Dokument

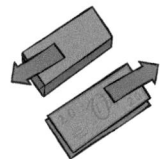

comprar
....
kupić

pagar
....
płacić

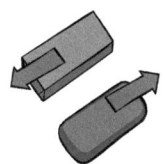

comerciar
....
postępować

dinero
....
Pieniądze

dólar
....
Dolar

euro
....
Euro

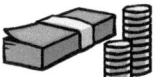

yen
....
Jen

rublo
....
Rubel

franco
....
Frank

renminbi
....
Juan Renminbi

rupia
....
Rupia

cajero automático
....
Bankomat

casa de cambio

Kantor wymiany walut

oro

Złoto

plata

Srebro

petróleo

Olej

energía

Energia

precio

Cena

contrato

Umowa

impuesto

Podatek

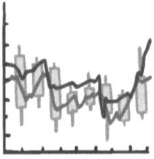

acción

Akcja

trabajar

pracować

empleado

Pracownik umysłowy

empleador

Pracodawca

fábrica

Fabryka

negocio

Sklep

ocupaciones
Zawody

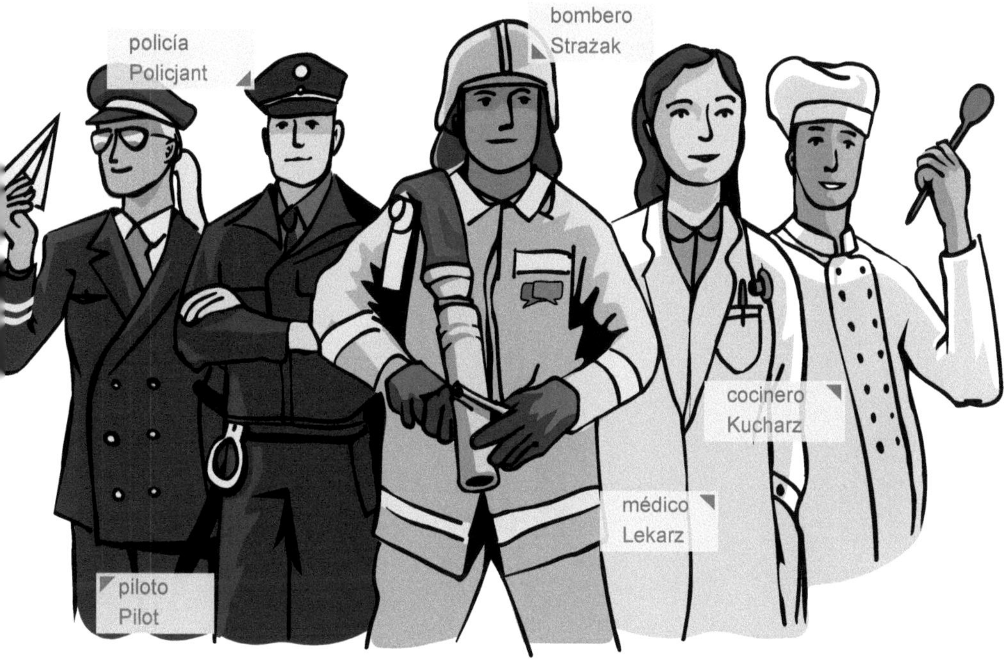
policía
Policjant
bombero
Strażak
cocinero
Kucharz
médico
Lekarz
piloto
Pilot

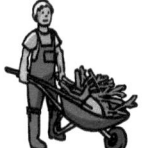

jardinero

Ogrodnik

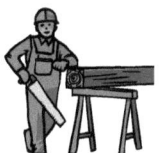

carpintero

Stolarz

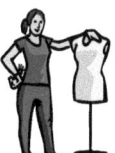

costurera

Krawcowa

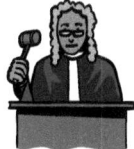

juez

Sędzia

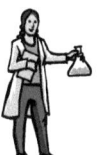

químico

Chemik

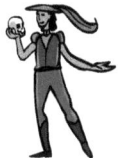

actor

Aktor

conductor de autobús

Kierowca autobusu

taxista

Taksówkarz

pescador

Fischer

mujer de la limpieza

Sprzątaczka

techista

Dekarz

camarero

Kelner

cazador

Myśliwy

pintor

Malarz

panadero

Piekarz

electricista

Elektryk

albañil

Robotnik budowlany

ingeniero

Inżynier

carnicero

Rzeźnik

fontanero

Instalator

cartero

Listonosz

soldado

Żołnierz

arquitecto

Architekt

cajero

Kasjer

florista

Florysta

peluquero

Fryzjer

cobrador

Konduktor

mecánico

Mechanik

capitán

Kapitan

odontólogo

Dentysta

científico

Naukowiec

rabino

Rabin

imam

Imam

monje

Mnich

párroco

Proboszcz

herramientas
Narzędzia

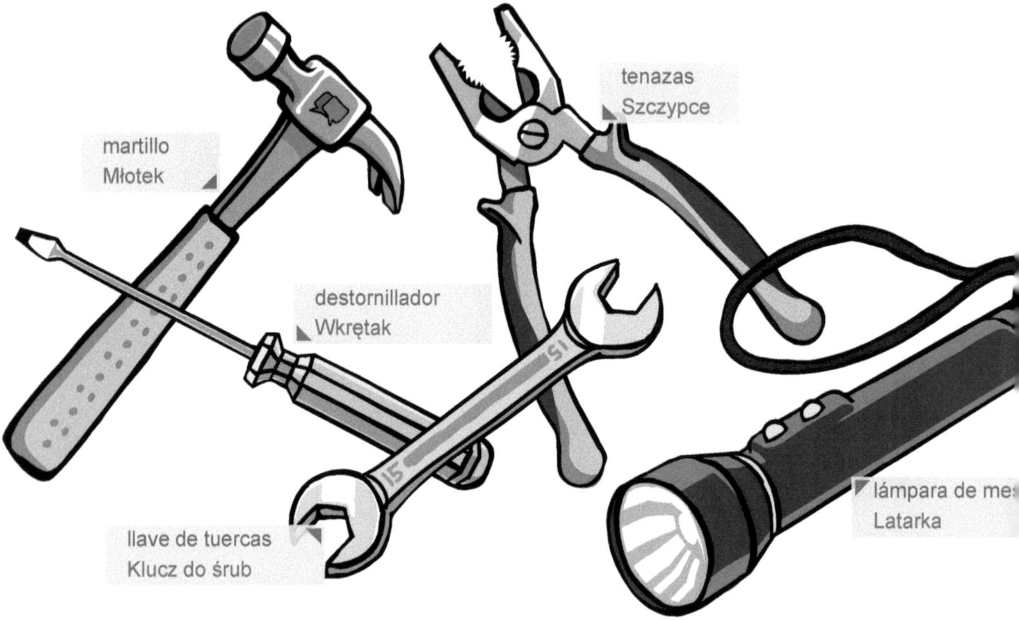
tenazas
Szczypce
martillo
Młotek
destornillador
Wkrętak
lámpara de me
Latarka
llave de tuercas
Klucz do śrub

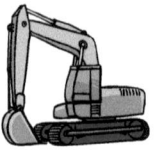

excavadora

Koparka

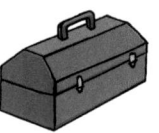

caja de herramientas

Skrzynka narzędziowa

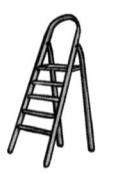

escalerilla

Drabina

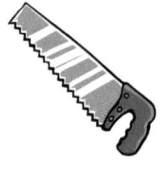

serrucho

Piła

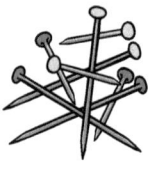

clavos

Gwoździe

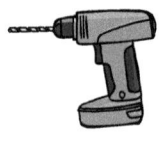

taladro

Wiertło

reparar

naprawić

pala

Łopatka

¡Maldición!

Cholera!

recogedor

Szufelka

lata de pintura

Puszka z farbą

tornillos

Śruby

instrumentos musicales
Instrumenty muzyczne

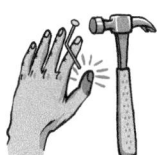

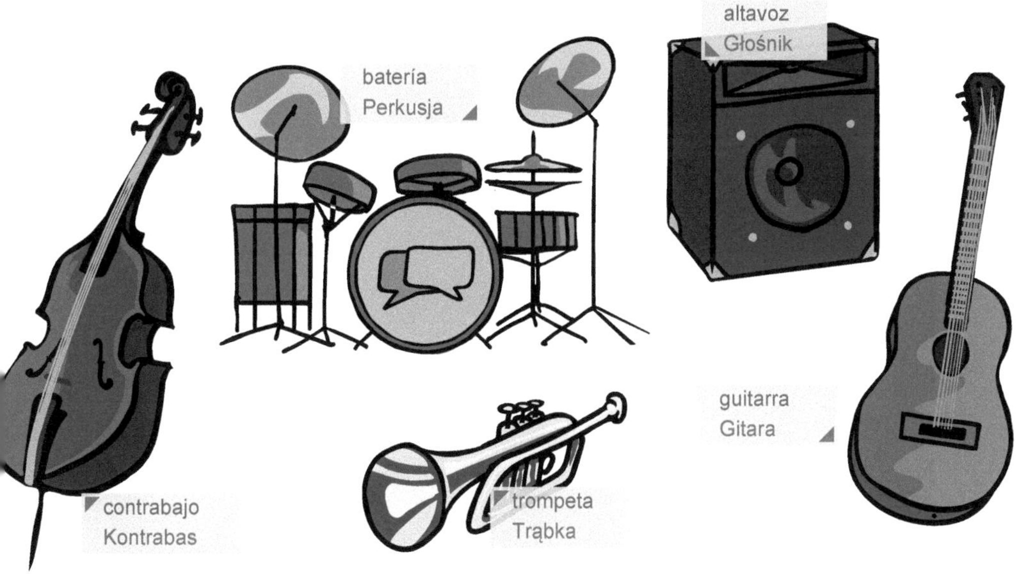

altavoz
Głośnik

batería
Perkusja

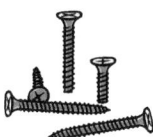

guitarra
Gitara

contrabajo
Kontrabas

trompeta
Trąbka

piano

Pianino

violín

Skrzypce

bajo

Bas

timbales

Kotły

tambor

Bęben

teclado

Keyboard

saxofón

Saksofon

flauta

Flet

micrófono

Mikrofon

zoológico
Zoo

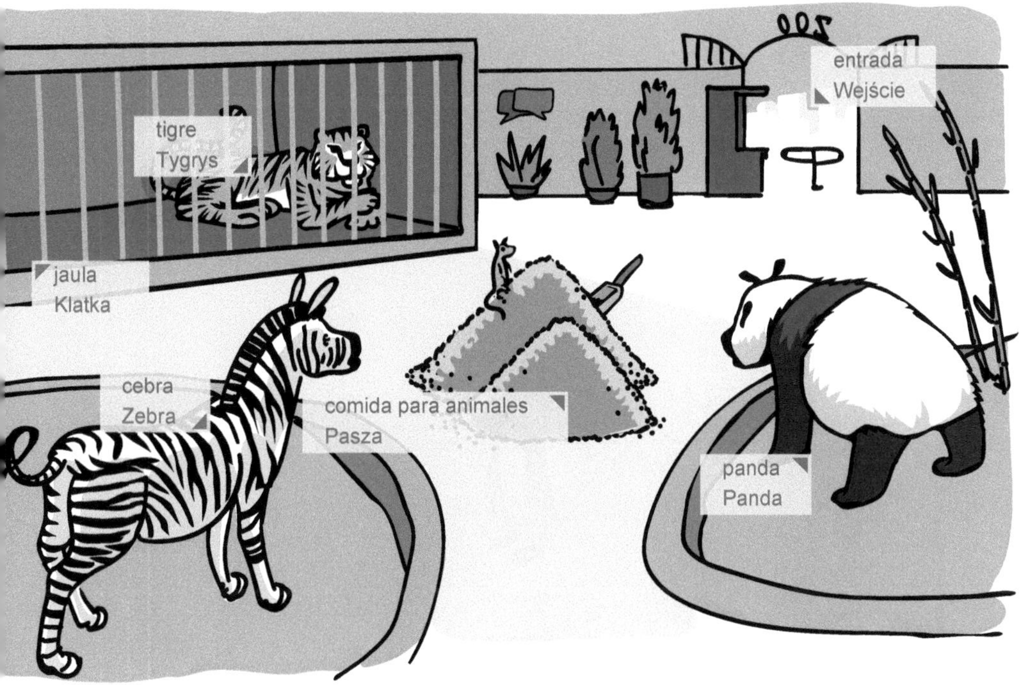
entrada
Wejście
tigre
Tygrys
jaula
Klatka
cebra
Zebra
comida para animales
Pasza
panda
Panda

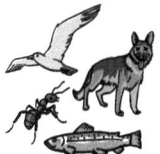

animales

Zwierzęta

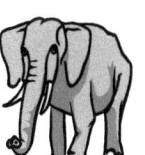

elefante

Słoń

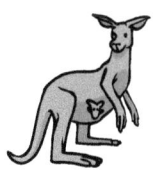

canguro

Kangur

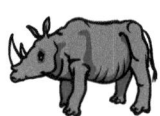

rinoceronte

Nosorożec

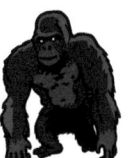

gorila

Goryl

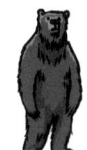

oso

Niedźwiedź

camello

Wielbłąd

avestruz

Struś

león

Lew

mono

Małpa

flamengo

Fleming

papagayo

Papuga

oso polar

Niedźwiedź polarny

pingüino

Pingwin

tiburón

Rekin

pavo real

Paw

serpiente

Wąż

cocodrilo

Krokodyl

cuidador del zoológico

Dozorca w zoo

foca

Foka

jaguar

Jaguar

pony

Kucyk

leopardo

Gepard

hipopótamo

Hipopotam

jirafa

Żyrafa

águila

Orzeł

jabalí

Dzik

pescado

Ryba

tortuga

Żółw

morsa

Mors

zorro

Lis

gacela

Gazela

fútbol americano
Futbol amerykański

ciclismo
Kolarstwo

tenis
Tenis

baloncesto
Koszykówka

natación
Pływanie

boxeo
Boks

hockey sobre hielo
Hokej na lodzie

fútbol

Piłka nożna

badminton

Badminton

atletismo

Lekka atletyka

balonmano

Piłka ręczna

esquí

Narciarstwo

polo

Polo

actividades
Działania

saltar
skakać
abrazar
objąć
reír
śmiać się
caminar
iść
cantar
śpiewać
soñar
marzyć
rezar
modlić się
besar
całować

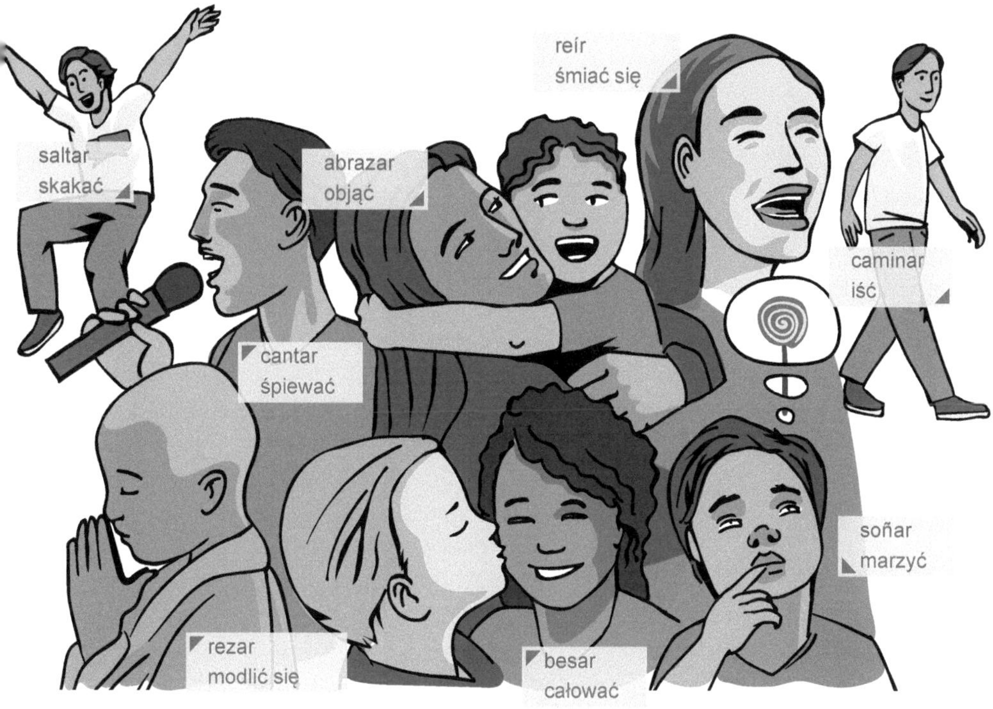

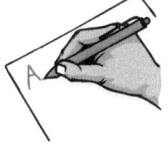

escribir

pisać

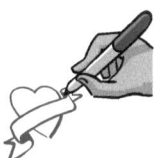

dibujar

rysować

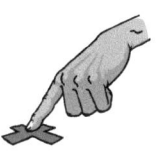

mostrar

pokazywać

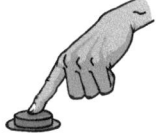

presionar

nacisnąć

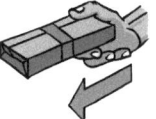

dar

dać

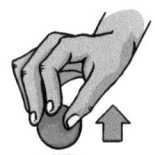

tomar

wziąć

tener
mieć

hacer
robić

ser
być

estar de pie
stać

correr
biegać

tirar
ciągnąć

arrojar
rzucać

caer
spaść

estar acostado
leżeć

esperar
czekać

llevar
nosić

estar sentado
siedzieć

vestirse
zakładać

dormir
spać

despertar
budzić się

mirar

spojrzeć

llorar

płakać

acariciar

głaskać

peinarse

czesać się

conversar

mówić

entender

rozumieć

preguntar

pytać

oír

słyszeć

beber

pić

comer

jeść

asear

sprzątać

amar

kochać

cocinar

gotować

conducir

jechać

volar

latać

navegar

żeglować

calcular

liczyć

leer

czytać

aprender

uczyć się

trabajar

pracować

casarse

wejść w związek małżeński

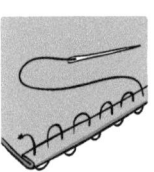

coser

szyć

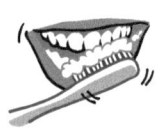

limpiarse los dientes

myć zęby

matar

zabić

fumar

palić tytoń

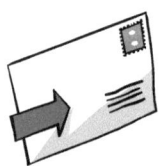

enviar

wysłać

familia
Rodzina

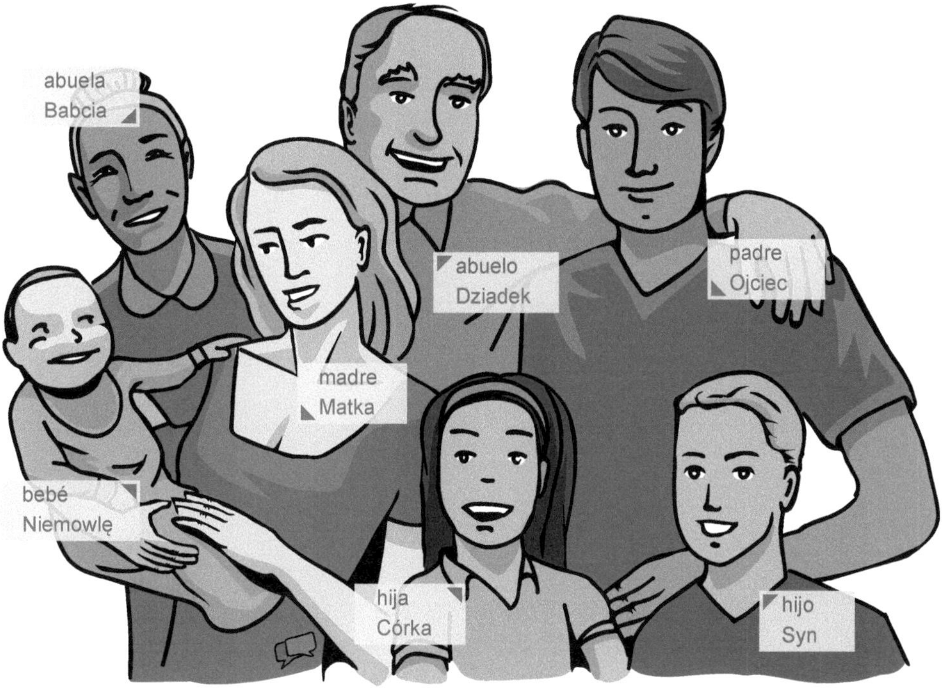
abuela
Babcia
abuelo
Dziadek
padre
Ojciec
madre
Matka
bebé
Niemowlę
hija
Córka
hijo
Syn

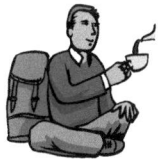

invitado

Gość

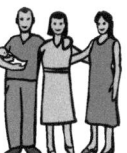

tía

Ciotka

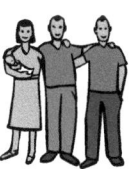

tío

Wujek

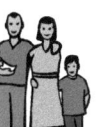

hermano

Brat

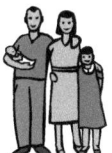

hermana

Siostra

cuerpo
Ciało

frente
Czoło
ojo
Oko
hombro
Ramię
dedo
Palec
cara
Twarz
barbilla
Broda
mano
Ręka
pecho
Pierś
pierna
Noga
brazo
Ramię

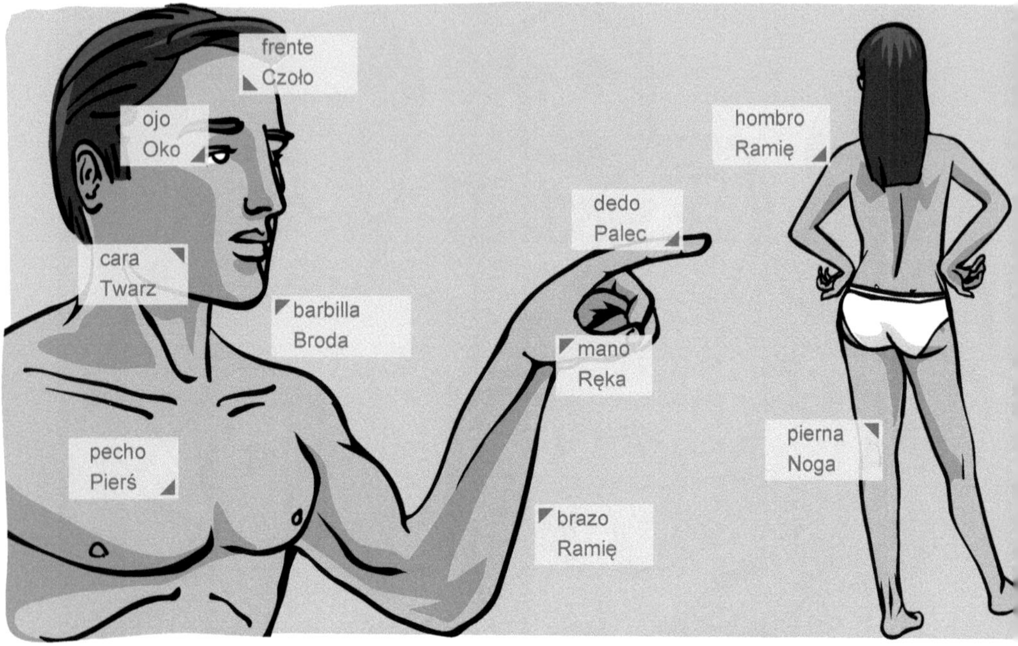

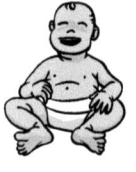

bebé

Niemowlę

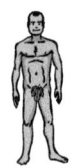

hombre

Mężczyzna

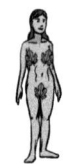

mujer

Kobieta

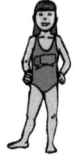

muchacha

Dziewczyna

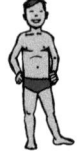

joven

Chłopiec

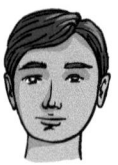

cabeza

Głowa

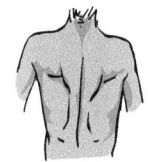

espalda

Plecy

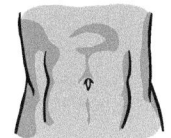

vientre

Brzuch

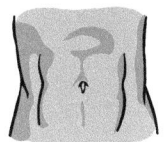

ombligo

Pępek

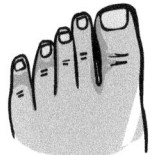

dedo del pie

palec nogi

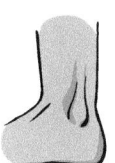

talón

Pięta

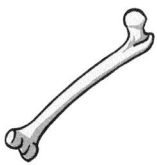

hueso

Kość

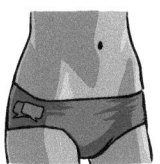

cadera

Biodro

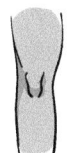

rodilla

Kolano

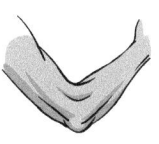

codo

Łokieć

nariz

Nos

trasero

Pośladki

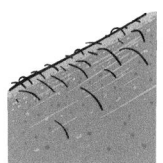

piel

Skóra

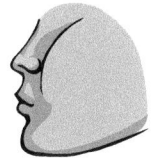

mejilla

Policzek

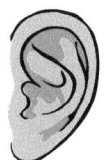

oreja

Uszy

labio

Warga

cuerpo - Ciało   69

boca

Usta

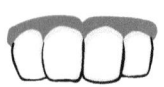

diente

Ząb

lengua

Język

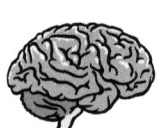

cerebro

Mózg

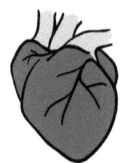

corazón

Serce

músculo

Mięsień

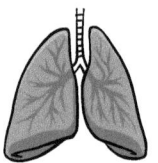

pulmón

Płuca

hígado

Wątroba

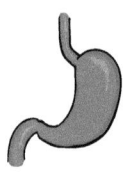

estómago

Żołądek

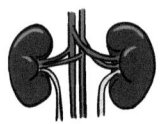

riñones

Nerki

relación sexual

Stosunek płciowy

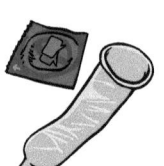

condón

Kondom

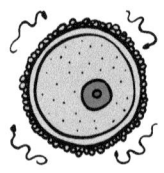

Óvulo

Komórka jajowa

esperma

Sperma

embarazo

Ciąża

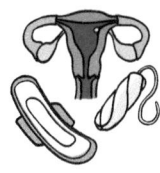

menstruación

Menstruacja

vagina

Wagina

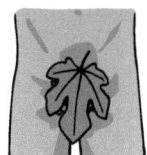

pene

Penis

ceja

Brew

cabello

Włosy

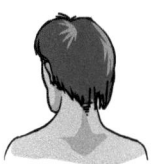

cuello

Szyja

hospital

Szpital

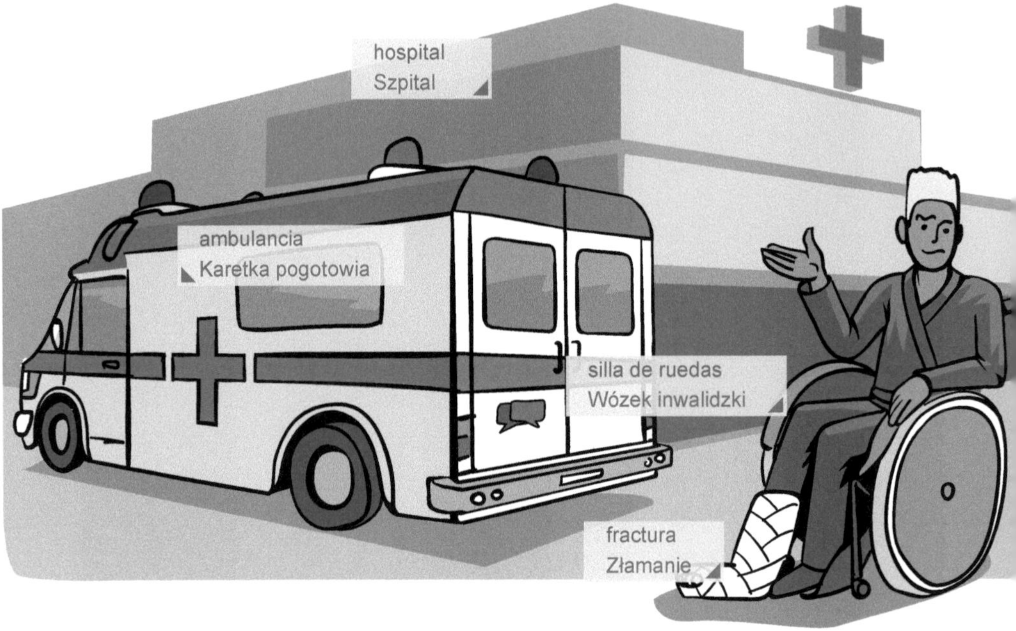

hospital
Szpital
ambulancia
Karetka pogotowia
silla de ruedas
Wózek inwalidzki
fractura
Złamanie

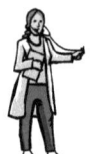

médico

Lekarz

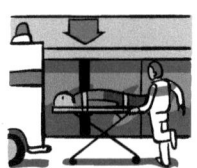

admisión de urgencia

Izba przyjęć

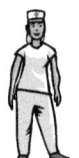

enfermera

Pielęgniarka

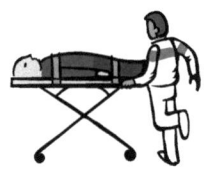

emergencia

Nagły przypadek

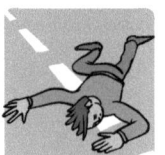

inconsciente

nieprzytomny

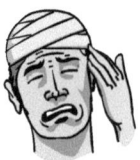

dolor

Ból

lesión
....
Skaleczenie

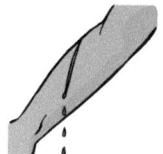

hemorragia
....
Krwawienie

infarto de miocardio
....
Zawał serca

apoplejía cerebral
....
Udar mózgu

alergia
....
Alergia

tos
....
Kaszleć

fiebre
....
Gorączka

gripe
....
Grypa

diarrea
....
Biegunka

dolor de cabeza
....
Ból głowy

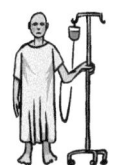

cáncer
....
Rak

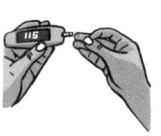

diabetes
....
Cukrzyca

cirujano
....
Chirurg

escalpelo
....
Skalpel

operación
....
Operacja

TC
....
CT

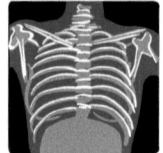

rayos X
....
Rentgen

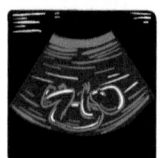

ultrasonido
....
Ultradźwięki

máscara
....
Maska

enfermedad
....
Choroba

sala de espera
....
Poczekalnia

muleta
....
Kula

emplasto
....
Plaster

vendaje
....
Opatrunek

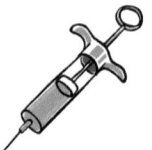

inyección
....
Iniekcja

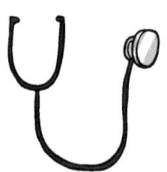

estetoscopio
....
Stetoskop

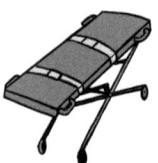

camilla
....
Nosze

termómetro
....
Termometr

nacimiento
....
Poród

sobrepeso
....
Nadwaga

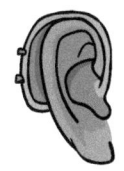

audífono

Aparat słuchowy

desinfectante

Środek dezynfekcyjny

infección

Infekcja

virus

Wirus

VIH / SIDA

HIV / AIDS

medicina

Medycyna

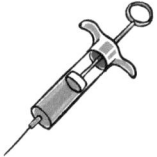

vacunación

Szczepienie

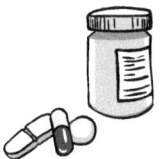

comprimido

Tabletki

píldora anticonceptiva

Pigułka

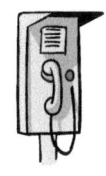

llamada de emergencia

Telefon ratunkowy

medidor de presión arterial

Ciśnieniomierz krwi

enfermo / saludable

chory / zdrowy

¡Ayuda!

Pomocy!

alarma

Alarm

asalto

Napad

ataque

Atak

peligro

Niebezpieczeństwo

salida de emergencia

Wyjście awaryjne

¡Fuego!

Pożar!

extintor

Gaśnica

accidente

Wypadek

kit de primeros auxilios

Walizeczka pierwszej
pomocy

SOS

SOS

Policía

Policja

Europa

Europa

América del Norte

Ameryka Północna

América del Sur

Ameryka Południowa

África

Afryka

Asia

Azja

Australia

Australia

Atlántico

Atlantyk

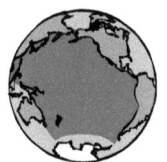

Pacífico

Pacyfik

Océano Índico

Ocean Indyjski

Océano Antártico

Ocean Antarktyczny

Océano Ártico

Ocean Arktyczny

Polo Norte

Biegun północny

Polo Sur

Biegun południowy

Antártida

Antarktyda

Tierra

Ziemia

país

Kraj

mar

Morze

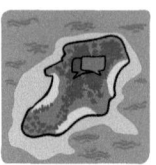

isla

Wyspa

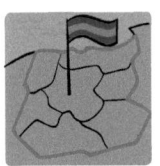

nación

Naród

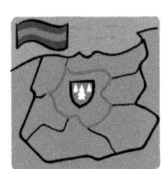

Estado

Państwo

cuadrante

Cyferblat

horario

Wskazówka godzinowa

minutero

Wskazówka minutowa

segundero

Wskazówka sekundowa

¿Qué hora es?

Która godzina?

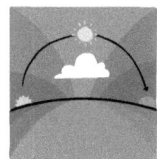

día

Dzień

tiempo

Czas

ahora

teraz

reloj digital

Zegarek digitalny

minuto

Minuta

hora

Godzina

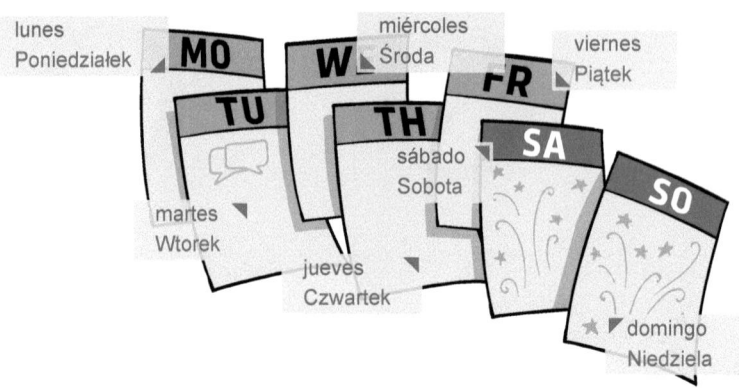

lunes
Poniedziałek

miércoles
Środa

viernes
Piątek

martes
Wtorek

jueves
Czwartek

sábado
Sobota

domingo
Niedziela

ayer

wczoraj

hoy

dzisiaj

mañana

jutro

mañana

Rano

mediodía

Południe

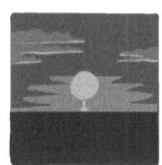

tarde

Wieczór

jornada de trabajo

Dni robocze

fin de semana

Weekend

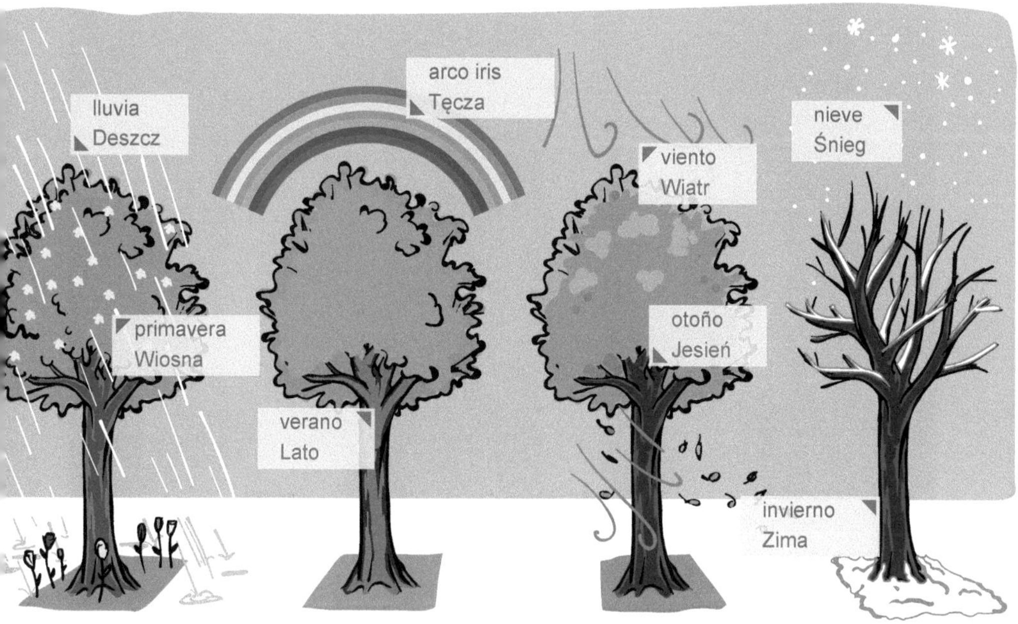

lluvia
Deszcz
arco iris
Tęcza
nieve
Śnieg
viento
Wiatr
primavera
Wiosna
otoño
Jesień
verano
Lato
invierno
Zima

4.APRIL 11°
5.APRIL 4°
6.APRIL 13°
7.APRIL 8°
8.APRIL 10°

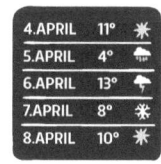

pronóstico meteorológico

Prognoza pogody

F C
120 40
90 30
60 20
30 10
0 0
-30 -10
-20

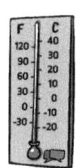

termómetro

Termometr

luz solar

Światło słoneczne

nube

Chmura

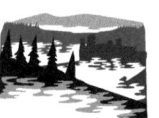

niebla

Mgła

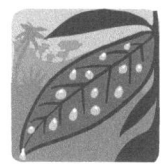

humedad ambiente

Wilgotność powietrza

relámpago
Błyskawica

trueno
Grzmot

tormenta
Sztorm

granizo
Grad

monzón
Monsun

inundación
Potop

hielo
Lód

enero
Styczeń

febrero
Luty

marzo
Marzec

abril
Kwiecień

mayo
Maj

junio
Czerwiec

julio
Lipiec

agosto
Sierpień

año - Rok

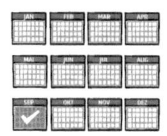

septiembre
....
Wrzesień

octubre
....
Październik

noviembre
....
Listopad

diciembre
....
Grudzień

formas
Kształty

círculo
....
Koło

cuadrado
....
Kwadrat

rectángulo
....
Prostokąt

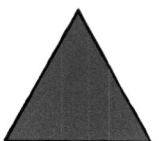

triángulo
....
Trójkąt

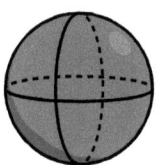

esfera
....
Kula

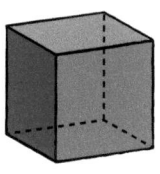

cubo
....
Sześcian

blanco
....
biały

amarillo
....
żółty

anaranjado
....
pomarańczowy

rosa
....
różowy

rojo
....
czerwony

lila
....
liliowy

azul
....
niebieski

verde
....
zielony

marrón
....
brązowy

gris
....
szary

negro
....
czarny

mucho / poco
dużo / mało

enojado / calmado
wściekły / spokojny

bonito / feo
piękny / brzydki

comienzo / fin
początek / koniec

grande / pequeño
duży / mały

claro / oscuro
jasny / ciemny

hermano / hermana
brat / siostra

limpio / sucio
czysty / brudny

completo / incompleto
kompletny / niekompletny

día / noche
dzień / noc

muerto / vivo
umarły / żywy

ancho / angosto
szeroki / wąski

disfrutable / no disfrutable	malo / amigable	excitado / aburrido
jadalny / niejadalny	zły / uprzejmy	podniecony / znudzony

gordo / delgado	primero / último	amigo / enemigo
gruby / chudy	najpierw / na końcu	przyjaciel / wróg

lleno / vacío	duro / suave	pesado / liviano
pełen / pusty	twardy / miękki	ciężki / lekki

hambre / sed	enfermo / saludable	ilegal / legal
głód / pragnienie	chory / zdrowy	nielegalny / legalny

inteligente / tonto	izquierda / derecha	cercano / lejano
inteligentny / głupi	lewo / prawo	bliski / daleki

nuevo / usado

nowy / używany

nada / algo

nic / coś

viejo / joven

stary / młody

encendido / apagado

włącz / wyłącz

abierto / cerrado

otwarty / zamknięty

bajo / fuerte

cichy / głośny

rico / pobre

bogaty / biedny

correcto / incorrecto

prawidłowy / błędny

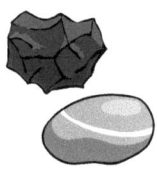

áspero / liso

chropowaty / gładki

triste / alegre

smutny / szczęśliwy

breve / extenso

krótki / długi

lento / veloz

powolny / szybki

mojado / seco

mokry/suchy

caliente / frío

ciepły / chłodny

guerra / paz

wojna / pokój

0

cero

zero

1

uno

jeden

2

dos

dwa

3

tres

trzy

4

cuatro

cztery

5

cinco

pięć

6

seis

sześć

7

siete

siedem

8

ocho

osiem

9

nueve

dziewięć

10

diez

dziesięć

11

once

jedenaście

12	**13**	**14**
doce	trece	catorce
dwanaście	trzynaście	czternaście

15	**16**	**17**
quince	dieciséis	diecisiete
piętnaście	szesnaście	siedemnaście

18	**19**	**20**
dieciocho	diecinueve	veinte
osiemnaście	dziewiętnaście	dwadzieścia

100	**1.000**	**1.000.000**
cien	mil	millón
sto	tysiąc	milion

inglés
Angielski

inglés estadounidense
Angielski amerykański

chino mandarín
Chiński mandaryński

hindi
Hindi

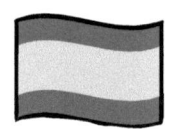

español
Hiszpański

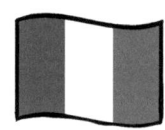

francés
Francuski

árabe
Arabski

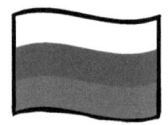

ruso
Rosyjski

portugués
Portugalski

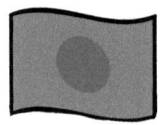

bengalí
Bengalski

alemán
Niemiecki

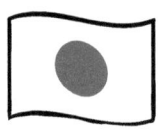

japonés
Japoński

yo

ja

tú

ty

él / ella

on / ona / ono

nosotros

my

vosotros

wy

ellos

oni

¿quién?

kto?

¿qué?

co?

¿cómo?

jak?

¿dónde?

gdzie?

¿cuándo?

kiedy?

nombre

Nazwisko

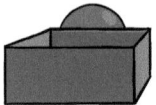

detrás

za

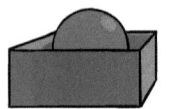

en

w

delante de

przed

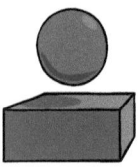

encima de

powyżej

sobre

na

debajo de

pod

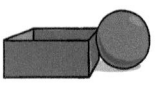

junto a

obok

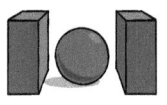

entre

między

lugar

Miejsce